你所期待的……

图书在版编目（CIP）数据

我能够到星星吗？ : 你所期待的问题之书 / (德)布丽塔·泰肯特鲁普 (Britta Teckentrup) 著；
张昱琪译. — 长沙 : 湖南美术出版社, 2019.6 (2020.4重印)
　ISBN 978-7-5356-8781-4

Ⅰ.①我… Ⅱ.①布…②张… Ⅲ.①哲学－儿童读物 Ⅳ.①B-49

中国版本图书馆CIP数据核字(2019)第086901号

Author/Illustrator: Britta Teckentrup
Title: Worauf wartest du? Das Buch der Fragen
Copyright: © 2016 Verlagshaus Jacoby&Stuart, Germany
Chinese language edition arranged through HERCULES Business&Culture GmbH, Germany
Simplified Chinese translation edition published by Ginkgo(Beijing)Book Co., Ltd.

本书中文简体版权归属于银杏树下（北京）图书有限责任公司
著作权合同登记号：图字：18-2019-110

我能够到星星吗？——你所期待的问题之书
WO NENG GOUDAO XINGXING MA? ——NI SUO QIDAI DE WENTI ZHI SHU

出 版 人：黄啸		出版发行：湖南美术出版社 后浪出版公司
著　　者：[德]布丽塔·泰肯特鲁普		（长沙市东二环一段622号）
译　　者：张昱琪		印　　刷：北京盛通印刷股份有限公司
选题策划：北京浪花朵朵文化传播有限公司		（亦庄经济技术开发区科创五街经海三路18号）
出版统筹：吴兴元		开　　本：720毫米×1000毫米 1/32
编辑统筹：冉华蓉		字　　数：68千字
责任编辑：贺澧沙		印　　张：6.25
特约编辑：田语		版　　次：2019 年 6 月第 1 版
营销推广：ONEBOOK		印　　次：2020 年 4 月第 2 次印刷
装帧制造：墨白空间·唐志永		书　　号：ISBN 978-7-5356-8781-4
		定　　价：68.00 元

官方微博：@浪花朵朵童书

读者服务：reader@hinabook.com 188-1142-1266
投稿服务：onebook@hinabook.com 133-6631-2326
直销服务：buy@hinabook.com 133-6657-3072

我能够到星星吗？

你所期待的问题之书

[德] 布丽塔·泰肯特鲁普 著 张昱琪 译

湖南美术出版社
全 国 百 佳 图 书 出 版 单 位

当我长大了，
我将如何看待这个世界？

我会找到我的位置吗？

为什么我觉得你在那儿？

我可能会成为什么样的人?

有朝一日我会成为一名伟大的
足球运动员吗?

我甚至可能学会飞翔？

世界在我之内，
还是在我之外？

我的成长是否宛如花的成长一般？

人们为什么总是争吵？

为什么别人对我来说如此讨厌？

我们还会再好好相处吗？

究竟为什么所有人
都想受人喜欢？

你怎么会远比其他人更理解我？

你愿意做我的朋友吗？

太阳离得那么远，
它是怎样将全部热量送到这儿的呢？

为什么我会对未知的事物感到恐惧？

大自然究竟为谁而如此绚烂?
为我?
为所有的人?
为动物?

倘若冬天无休无止，将会怎样？

他会喜欢我吗?

他会吻我吗？

我能够到星星吗？

如果一个人衰老逝去，
一棵树从他的坟墓上长出，
那他是这棵树吗？

飞行是否会给鸟儿带来快乐？

鸟儿眼中的世界究竟如何？

倘若我会飞，
那鸟儿会不会认为我是它们中的一员？

究竟是什么将我拽向地面，

令我无法飞翔？

鹰为它的幼雏捕食，
是否就像去工作一样？

为什么我喜欢的那个人和我迥然不同，

脑子里装着完全不一样的东西？

我能理解整个宇宙吗？

我是不同寻常的吗?

标新立异是糟糕的事吗？

为什么人们总是做相同的事?

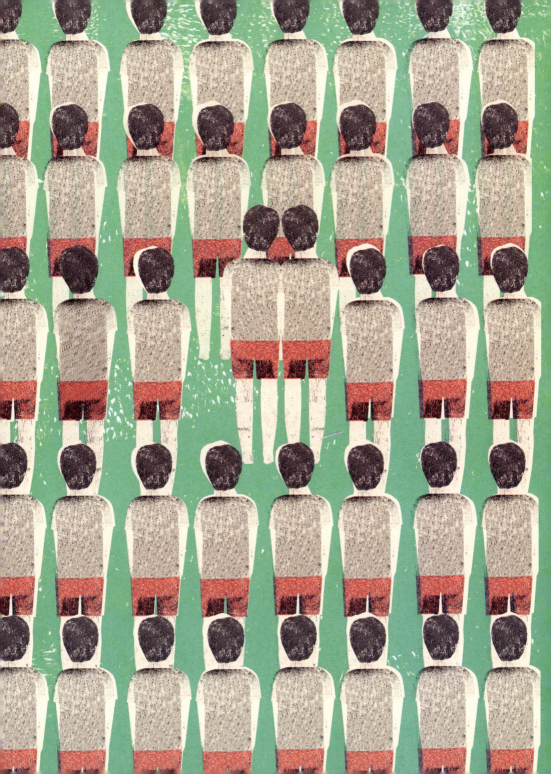

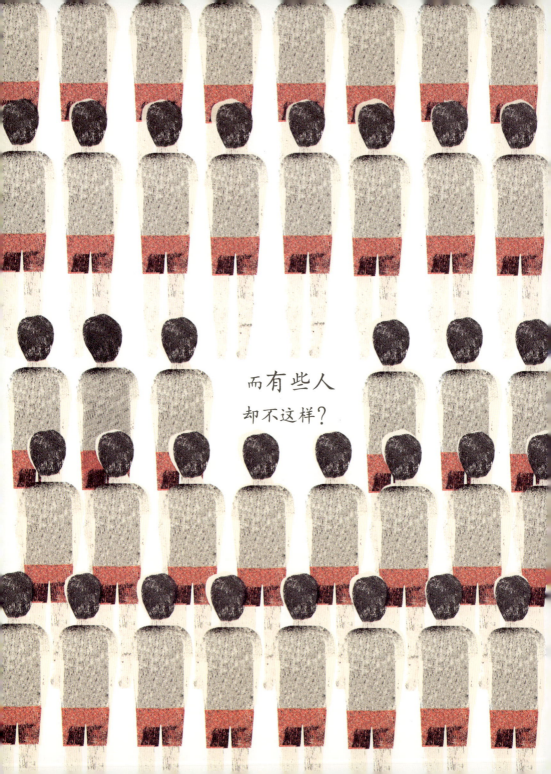

而有些人
却不这样？

叠罗汉时，
总是最下面的人最费力，
而最上面的人最轻松吗？

为什么我总是碰壁？

还是壁障只存在于我的脑中？

别人对我保有什么秘密吗？

他们又有何意图？

他们拥有我所不具有的理解
其他事物的**钥匙**吗?

为什么一个秘密解开后，
总有新的出现？

跳舞时我们为何会完全沉迷其中？

那我们会成为完全不同
的生物吗？

我们会被施以魔法吗？

我们会被**劫持**到另一种
生活中吗？

为什么万物不能够保持
其现在的样子？

为什么当人与人之间最拥挤时，

反而相互之间最疏远？

为什么当很多人在一起时，
　　人们有时会变坏？

我们在梦中见到的两个非常相似的人，
　　有没有可能实际上只是一个人？

双胞胎愿意总待在一起吗？

当他们老了，
他们仍然在一起吗？

他们一道走他们所有的路吗？

假如一个人先过世，
另一个人还能撑很久吗？

你能支撑我吗？

永远？

你在哪儿？

我能找到我所追寻的东西吗？

你是否有时候会觉得，
脑子里有些荒唐的念头？

倘若一个人什么也想不出来，
是不是就像脑子里所有的门都
关上了？

然后它们突然打开，
我们就有了成千上万个想法？

为什么春天不常在？

假如我把自己变得很小，就能穿过这道门吗？

门后可能藏着什么？

为什么人们明明是陷入梦乡，
　　却称之为"沉沉睡去"？

梦就像现实一般真实吗？

可以两个人一起做
同一个梦吗？

我们做梦时，
梦里的一切难道不像是真的吗？

只能想美好的事，
　　是幸福的吗？

为什么当我们所有人在一起时，
我常常感觉特别好？

未来究竟是什么？

过去又是什么？
是我们还年轻的时候？
或是更早？
或是在此之前？
或是在一切开始之前？

我恋爱了吗？

如果我努力思考，

我能明白生命的意义是什么吗？

为什么我被训斥的时候，
觉得自己这么渺小？

为什么我的思想有时候会兜圈子？

为什么和喜欢的人交谈时，

　　我能更好地思考？

有朝一日我会像奶奶一样睿智吗？

动物能思考吗？

为什么我们跳水之前会感到害怕，
跳过之后却觉得自己很勇敢？

为什么人们决定做一件
不知道结果会是什么的事时，
会称之为跳入冷水？

人可以什么都不想吗?

为什么无所事事时，

却常常一点也不觉得无聊？

真真实实感觉到一个东西存在，
不是件美好的事吗？

为什么人们说，
喧闹的感觉太好了？
到底一个人能感觉太好吗？

看到大海时，
你是不是也觉得世界对你
来说大了很多？

为什么在有些日子里，
　　我们感觉就是好？

你是否知道，
在生活的乐趣降临时，你会想拥抱全世界？

而最想做的只是跳跃和侧手翻？

你是否还知道，
你会有一种思念，却不知所思为何？

那或许你想变得十分超脱？

是否这就是人们所说的空想?

　　但这有什么不好呢?

做一个无惧摔落的走钢丝者，

这不美好吗？

而我们所有的人不是都想超脱吗？

所有的人其实都问同样的问题吗？